MINISTÈRE

DE L'INSTRUCTION PUBLIQUE ET DES BEAUX-ARTS

CATALOGUE

DU MATÉRIEL SCIENTIFIQUE

DES

LYCÉES ET COLLÈGES DE JEUNES FILLES

PARIS

IMPRIMERIE NATIONALE

1900

CATALOGUE

DU MATÉRIEL SCIENTIFIQUE

DES

LYCÉES ET COLLÈGES DE JEUNES FILLES

MINISTÈRE

DE L'INSTRUCTION PUBLIQUE ET DES BEAUX-ARTS

CATALOGUE

DU MATÉRIEL SCIENTIFIQUE

DES

LYCÉES ET COLLÈGES DE JEUNES FILLES

PARIS

IMPRIMERIE NATIONALE

1900

NOTICE EXPLICATIVE.

Ce catalogue a été préparé par les soins de M. Dupré, ancien président de la Commission du matériel scientifique des lycées et collèges, et approuvé par cette Commission.

Il comprend les objets destinés à l'enseignement de la physique, de la chimie et de l'histoire naturelle dans les lycées et collèges de jeunes filles d'après les programmes du 27 juillet 1897.

L'acquisition des différents instruments ou objets ne présente pas le même degré d'urgence. Les prix ont été répartis en 3 colonnes marquées a, a_1, a_2, correspondant aux objets et instruments indispensables (a), aux objets et instruments moins importants à acquérir (a_1) et enfin à ceux dont l'acquisition est simplement utile (a_2).

Les objets figurant dans ce catalogue peuvent être, par rapport aux prix indiqués, divisés en 3 groupes :

1° *Objets fabriqués par des constructeurs.* (Instruments et matériel de physique et de chimie, outillage de laboratoire, tableaux d'enseignement, etc.). — Les prix relatifs à ces objets sont *actuellement* exacts : la Commission s'est renseignée avec le plus grand soin sur ces prix. L'avis formel de la Commission est qu'au delà de certaines limites, il y aurait danger à rechercher l'économie. Quand un constructeur livre à trop bon marché, il compense cette concession par un moindre soin dans la main-d'œuvre, et il livre des instruments qui ont de l'apparence, qui fonctionnent pendant un certain temps, mais qui sont bientôt hors d'usage sans pouvoir être efficacement réparés. Pour cette raison, la Commission ne serait pas d'avis de faire appel à la concurrence des constructeurs; elle pense qu'il vaut mieux continuer à s'adresser pour la fourniture des instruments aux maisons qui offrent le plus de garanties et à payer ce que valent des appareils ou instruments réellement bons.

2° *Produits chimiques.* — Prix variables suivant le cours. Les quantités indiquées sont des quantités moyennes susceptibles d'être modifiées suivant l'importance de l'établissement.

3° *Certains objets d'histoire naturelle* (squelettes, pièces montées de zoologie, animaux dans l'alcool, herbiers, échantillons de rochers ou de minéraux) sont sujets à des variations de prix encore plus marquées que ceux du groupe précédent : la dimension des pièces, leur rareté ou, au contraire, leur abondance momentanée, modifient nécessairement leur valeur. Le présent catalogue ne peut donc fournir pour ces objets que des prix moyens.

MINISTÈRE
DE
L'INSTRUCTION
PUBLIQUE
ET DES
BEAUX-ARTS.

DIRECTION
DE
L'ENSEIGNEMENT
SECONDAIRE.

4e BUREAU.

CATALOGUE

DU MATÉRIEL SCIENTIFIQUE

DES

LYCÉES ET COLLÈGES DE JEUNES FILLES.

1re SECTION. — PHYSIQUE (1).

2e SECTION. — CHIMIE (1).

3e SECTION. — HISTOIRE NATURELLE.

1re SECTION.

PHYSIQUE.

Le cours de physique sera fait à un point de vue purement expérimental : les lois se dégageront des phénomènes étudiés et conduiront aux principes qui dominent la science.

Sur chaque sujet on s'attachera à faire connaître les acquisitions récentes dans le domaine des idées comme dans celui des faits. En un mot, on suivra la science jusqu'à nos jours; et pour ce faire, on se dégagera franchement des vieilleries encombrantes, on laissera de côté les appareils qui n'ont qu'un intérêt historique, les méthodes surannées, tout ce qui dans le progrès incessant des choses est devenu hors d'usage.

On se gardera soigneusement contre l'abondance des faits. Quelques phénomènes bien choisis, étudiés avec soin, à l'aide des meilleures méthodes, permettront le mieux de donner aux élèves des notions intéressantes et sûres.

---

(1) La physique et la chimie donnent lieu : en 3e année, à deux heures d'enseignement par semaine; en 4e année, à une heure et demie; en 5e année, à deux heures.

§ I. — TROISIÈME ANNÉE.

1° Pesanteur.

PROGRAMME DE 1897.

Chute des corps (étude expérimentale).

Poids des corps. — Balances. — Poids spécifiques.

Équilibre des liquides. — Surface libre d'un liquide en repos. — Pressions sur le fond et sur les parois des vases (étude expérimentale).

Vases communicants. — Applications.

Transmission des pressions. — Presse hydraulique.

Principe d'Archimède. — Corps flottants. — Aréomètres à poids constant.

Équilibre des gaz. — Pression atmosphérique. — Baromètres.

Loi de Mariotte. — Manomètres.

Machine pneumatique. — Pompes. — Siphon.

Aérostats.

Notions élémentaires de mécanique indispensable à l'intelligence des phénomènes. (Ces notions seront données à l'occasion de la revision.)

APPAREILS.

CONSTRUCTEURS.		PRIX (1).		
		a.	a_1.	a_2.
	Tube de Newton	35f 00c	"	"
	Marteau d'eau	5 00	"	"
	Machine d'Atwood (se fixant au mur) modèle simple	100 00	"	"
	Machine d'Atwood modifiée par M. Mascart. — 180 fr., soit une différence en plus de 80 fr.	"	"	"
	Métronome	12 00	"	"
	Support à 4 pendules	"	"	30 00
	Balance de laboratoire, modèle de l'École centrale pesant 250 grammes	125 00	"	"
	Boîte de poids (1,500 grammes, divisions en platine)	41 00	"	"
	Balance hydrostatique pour peser 500 grammes	170 00	"	"
	A reporter	488 00	"	30 00

(1) Voir les indications données dans la notice explicative.

CONSTRUCTEURS.		PRIX. a.	a₁.	a₂.
	Reports	488ᶠ 00	″	30ᶠ 00ᶜ
	Support de vase avec vis de pression	6 00	″	″
	Deux grands étriers de rechange	″	″	50 00
	Flacon à densité pour les corps solides	2 50	″	″
	Flacon à densité pour les liquides	2 50	″	″
	Aréomètre Baumé pour les liquides plus denses que l'eau	2 50	″	″
	Aréomètre Baumé pour les liquides moins denses que l'eau	2 50	″	″
	Alcoomètre de Gay-Lussac	2 50	″	″
	Appareil de Haldat	50 00	″	″
	Tourniquet hydraulique (en verre)	″	15 00	″
	Vases communicants (appareil avec robinet)	50 00	″	″
	Niveau d'eau avec pied	″	12 00	″
	Mire	″	25 00	″
	Niveau à bulle d'air (22 centimètres)	9 00	″	″
	Modèle de presse hydraulique	″	130 00	″
	Double cylindre d'Archimède	10 00	″	″
	6 tubes barométriques	9 00	″	″
	Baromètre de Fortin	″	110 00	″
	Planchette pour baromètre de Fortin	″	30 00	″
	Cuvette Fortin démontable	22 00	″	″
	Baromètre Gay-Lussac	″	″	90 00
	Baromètre à siphon	25 00	″	″
	Baromètre anéroïde	35 00	″	″
	Ballon à robinet et à clochette	25 00	″	″
	Tube de Mariotte	18 00	″	″
	Manomètre à air comprimé sur planchette	″	″	12 00
	Cuve profonde avec support, pinces et robinet; tube de 0^m50	″	35 00	″
	Machine pneumatique, platine de 23 centimètres de diamètre	375 00	″	″
	Cloche pour la machine pneumatique	8 00	″	″
	Hémisphères de Magdebourg	25 00	″	″
	Crève-vessie	3 00	″	″
	Pompe aspirante élévatoire	75 00	″	″
	Pompe aspirante et foulante à réservoir d'air	″	″	75 00
	Siphons. { 2 à branche	1 80	″	″
	Siphons. { 2 à branche et à boule	2 50	″	″
	Vase de Tantale	3 00	″	″
	Totaux	1,258ᶠ 80ᶜ	357ᶠ 00ᶜ	257 00

2° Chaleur.

PROGRAMME DE 1897.

Dilatation des solides, des liquides et des gaz par la chaleur.

Thermomètre. — Température.

Maximum de densité de l'eau.

Définition de la chaleur spécifique d'un corps.

Changements d'état des corps. — Fusion. — Solidification. — Définition de la chaleur de fusion.

Vaporisation. — Pression de la vapeur. — Vapeurs saturantes et non saturantes. — Définition de la chaleur de vaporisation.

Évaporation. — Ébullition. — Distillation. — Froid produit par l'évaporation. — Mélanges réfrigérants.

État hygrométrique de l'air.

Propagation de la chaleur par rayonnement et par conductibilité.

APPAREILS.

CONSTRUCTEURS.		PRIX.		
		a.	a_1.	a_2.
	Pyromètre à cadran	50 00	"	"
	Anneau de S'Gravesande	20 00	"	"
	2 thermomètres à mercure de laboratoire (10° à 200°)	14 00	"	"
	2 thermomètres à alcool	5 00	"	"
	4 tubes soufflés pour thermomètres. { 2 à mercure.	"	"	"
	{ 2 à alcool	2 00	"	"
	Thermométrographe de Six et Bellani avec guérite.	"	"	20 00
	Appareil de Hope, détermination du maximum de densité de l'eau	22 00	"	"
	Calorimètre à eau avec thermomètre	"	45 00	"
	Tube de Faraday pour la liquéfaction de l'ammoniac	"	25 00	"
	Appareil à 4 tubes barométriques, cuvette en fonte de fer	40 00	"	"
	Appareil de Gay-Lussac (mélange des gaz et des vapeurs), tout en verre	40 00	"	"
	Bouillant de Franklin	2 50	"	"
	Appareil de Leslie avec cloche basse	12 00	"	"
	Hygromètre d'Alluard	120 00	"	"
	Hygromètre à cheveu de Saussure	15 00	"	"
	Appareil d'Ingenhouz avec cuve	35 00	"	"
	2 miroirs paraboliques, colonnes forme basse	80 00	"	"
	TOTAUX	457 50	70f 00c	20f 00c

§ II. — QUATRIÈME ANNÉE.

1° Acoustique.

PROGRAMME DE 1897.

Le son : mouvement vibratoire. — Propagation du son. Vitesse.

Réflexion du son. — Écho.

Qualités du son. — Mesure de la hauteur d'un son. — Intervalles musicaux. — Gamme.

Notions expérimentales sur les cordes vibrantes et les tuyaux sonores.

APPAREILS.

CONSTRUCTEURS.		PRIX. a.	PRIX. a₁.	PRIX. a₂.
	8 morceaux de bois donnant la gamme.........	″	6 00	″
	Sirène de Cagniard-Latour..................	″	″	90 00
	Diapason la_3 monté sur caisse................	35 00	″	″
	4 diapasons pour l'accord parfait............	″	″	145 00
	Sonomètre différentiel	110 00	″	″
	Paquet de cordes en acier....................	2 00	″	″
	Deux cordes en laiton de diamètres 1 et 2.......	1 00	″	″
	Archet de contrebasse.......................	6 00	″	″
	Soufflerie avec régulateur..................	400 00	″	″
	Tuyau à paroi de verre et petite membrane......	20 00	″	″
	Deux longs tuyaux en cuivre, l'un ouvert et l'autre fermé, donnant la suite des harmoniques......	12 00	″	″
	9 tuyaux ouverts donnant la gamme de ut_3 à ut_4 et la note fondamentale en double.............	68 00	″	″
	Tuyau muni d'une clavette au nœud de vibration..	10 00	″	″
	Tuyau à anche libre........................	30 00	″	″
	Tuyau à anche battante.....................	30 00	″	″
	Plaque vibrante sur pied.....................	18 00	″	″
	TOTAUX....................	742f 00c	6f 00c	235f 00c

2° Optique. — 4° ANNÉE (Suite).

PROGRAMME DE 1897.

Propagation de la lumière. — Ombre. — Pénombre.

Phénomène de la chambre noire.

Réflexion de la lumière. — Miroirs plans. — Miroirs sphériques.

Réfraction de la lumière. — Réflexion totale. — Prisme.

Notions expérimentales sur les lentilles. — Principe du microscope et de la lunette astronomique.

Décomposition et recomposition de la lumière blanche. — Spectre solaire.

Indications très sommaires sur la photographie.

APPAREILS.

CONSTRUCTEURS.		PRIX. a.	PRIX. a_1.	PRIX. a_2.
	Porte-lumière	225 00	"	"
	Diaphragme à trous circulaires	15 00	"	"
	Diaphragme à ouverture rectiligne	30 00	"	"
	Trois miroirs, plan, concave, convexe, en glace argentée, sur pied, 20 centimètres de diamètre	180 00	"	"
	Kaléidoscope	"	"	3 50
	Prisme équilatéral en flint	60 00	"	"
	Prisme rectangulaire pour réflexion totale	50 00	"	"
	Cuve de verre cubique avec cloison diagonale en verre	"	"	45 00
	Lentille convergente (foyer $0^m 33$)	30 00	"	"
	Lentille divergente	30 00	"	"
	Disque de Newton	40 00	"	"
	3 tableaux donnant le spectre solaire et celui des divers métaux	48 00	"	"
	Triloupe	10 00	"	"
	Microscope composé	200 00	"	"
	Chambre claire	35 00	"	"
	Lunette astronomique et terrestre, sans chercheur, objectif $81^m/^m$	275 00	"	"
	A reporter	$1,294^f 00^c$	"	48 50

CONSTRUCTEURS.		PRIX. a.	a¹.	a₂.
	Reports..................	1,294f 00c	"	48f 50c
	Appareil de photographie avec accessoires (devis n° 1) (1)...............................	179 15	"	"
	Le même appareil avec objectif rectilinéaire extra-rapide........................ 219f15			
	soit une différence en plus de 40 fr..........	"	"	"
	(*Pour mémoire*) Appareil de photographie avec accessoires (devis n° 2) (2)............ 292f40	"	"	"
	Totaux..................	1,473f 15c	"	48f 50c

APPAREILS DE PHOTOGRAPHIE.

(1) DEVIS N° 1.

1 chambre 13 × 18, noyer ciré, soufflet conique en toile avec trois châssis doubles..................	60f00
1 objectif rectilinéaire rapide...	45 00
1 pied en noyer...	13 50
1 obturateur «le Perpétuel»..	14 00
1 sac rigide en toile sans soufflet..	6 00
1 étui en toile pour le pied..	3 00
1 voile noir en petit drap..	4 00
1 lanterne à pétrole..	7 00
2 châssis Poulenc à 4 brisures..	8 00
3 cuvettes faïence 13 × 18..	3 75
1 égouttoir en bois..	0 95
2 douzaines de plaques Lumière 13 × 18..	6 70
1 flacon de révélateur..	1 60
1 fixateur pour plaques..	0 90
24 feuilles papier sensible..	1 50
1 virage fixateur pour ledit..	3 25
	179 15

Le même appareil, avec objectif rectilinéaire, *extra-rapide*, le même objectif que celui du devis n° 2.. 219f15

(2) DEVIS N° 2.

1 chambre 13 × 18, noyer ciré, soufflet *en peau*, avec trois châssis doubles (article soigné)..........	85f00
1 objectif rectilinéaire *extra-rapide*..	85 00
1 pied en noyer..	19 00
1 obturateur «Thorton Picard»..	33 50
1 sac en toile à soufflet..	15 00
1 voile noir en petit drap..	4 00
1 étui en toile pour le pied..	3 00
1 lanterne à pétrole, grand modèle..	12 00
2 châssis Poulenc, 4 brisures..	8 00
3 cuvettes faïence 13 × 18..	3 75
1 cuve en zinc, pour lavage, format égouttoir..	5 25
1 calibre 13 × 18..	1 45
2 intermédiaires en bois pour faire le format 9 × 12..	3 50
2 douzaines plaques Lumière 13 × 18..	6 70
1 flacon de révélateur..	1 60
1 fixateur..	0 90
24 feuilles papier sensible..	1 50
1 virage fixateur pour ledit..	3 25
	292 40

§ III. — CINQUIÈME ANNÉE.

Magnétisme.

PROGRAMME DE 1897.

Aimants naturels et artificiels. — Pôles. — Attractions et répulsions.

Action directrice de la terre sur les aimants. — Méridien magnétique. — Déclinaison. — Boussole.

Phénomènes fondamentaux de l'électricité statique établis expérimentatalement.

Électrisation par influence. — Électroscope. — Principe du condensateur — Bouteille de Leyde. — Machines électriques. — Effets.

Éclairs. — Tonnerre. — Effets de la foudre. — Paratonnerres.

Pile électrique. — Principales piles.

Propriétés essentielles des courants.

Effets chimiques, calorifiques et lumineux des courants. — Galvanoplastie. — Éclairage électrique.

Action du courant sur l'aiguille aimantée. — Galvanomètre.

Aimantation par les courants. — Électro-aimants. — Principe de la télégraphie.

Principe de l'induction. — Téléphone.

APPAREILS.

CONSTRUCTEURS.		PRIX. a.	PRIX. a₁.	PRIX. a₂.
	Magnétisme.			
	Pierre d'aimant	3 00	"	"
	Boîte de 2 barreaux aimantés de 30 centimètres	20 00	"	"
	Aimant fer à cheval	12 00	"	"
	2 aiguilles aimantées sur pivot	12 00	"	"
	Petite aiguille d'inclinaison avec support (modèle de démonstration)	"	15 00	"
	Compas de marine	"	25 00	"
	Boussole d'arpenteur	"	"	27 00
	Électricité statique.			
	Bâton de résine	3 00	"	"
	Peau de chat	4 00	"	"
	2 pendules électriques à colonne isolante	16 00	"	"
	A reporter	70f 00c	40f 00c	27f 00c

CONSTRUCTEURS.		PRIX. a.	a'.	a₂
	Reports	70f 00c	40f 00c	27f 00c
	Bâton de verre dépoli à un bout	3 50	"	"
	Bâton de cuivre à manche isolant	8 00	"	"
	Disque de bois recouvert de drap à manche isolant.	"	7 00	"
	Disque en cuivre à manche isolant	"	8 00	"
	Sphère creuse de Coulomb avec plan d'épreuve	"	22 00	"
	Pointe métallique à boule	5 00	"	"
	Cylindre creux de Faraday pour l'influence avec une sphère à manche isolant	25 00	"	"
	Cylindre d'influence vertical avec isolant en pécite.	40 00	"	"
	Tourniquet électrique	6 00	"	"
	Carillon électrique	10 00	"	"
	Electrophore Hurmuzescu (20cm)	30 00	"	"
	Electroscope Hurmuzescu (n° 2) avec plateaux pour le disposer en électroscope condensateur	55 00	"	"
	Condensateur d'Œpinus	70 00	"	"
	Bouteille de Leyde à main	8 00	"	"
	Batterie de 9 bocaux	100 00	"	"
	Bouteille de Leyde décomposable	12 00	"	"
	Carreau de Franklin	"	"	13 50
	Conducteur en laiton à crochet et boules	8 00	"	"
	2 mètres chaîne en laiton	1 20	"	"
	Electromètre Henley	"	10 00	"
	Appareil pour portrait de Franklin	15 00	"	"
	Machine Ramsden petit modèle à 2 conducteurs	160 00	"	"
	Machine Wimshurst	230 00	"	"
	Excitateur simple à charnière	10 00	"	"
	Excitateur à manche de verre et à charnière	18 00	"	"
	Appareil pour la grêle	25 00	"	"
	Appareil pour la danse des pantins	20 00	"	"
	Tabouret isolant	10 00	"	"
	Pistolet de Volta en laiton	12 00	"	"
	Tableau étincelant	10 00	"	"
	Soufflet et plateau en caoutchouc durci pour les figures de Lichtemberg	18 00	"	"
	Or massif	1 75	"	"
	Pointe de paratonnerre	20 00	"	"
	Electrodynamique.			
	Excitateur cuivre et zinc	6 00	"	"
	Lame zinc et cuivre	5 00	"	"
	Pile de Volta à colonne	40 00	"	"
	Pile de Wollaston	"	"	10 00
	Un élément Daniell à ballon	3 50	"	"
	Un élément Bunsen	6 50	"	"
	Pile à treuil au bichromate (6 éléments)	110 00	"	"
	A reporter	1,172f 45c	87f 00c	50f 50c

CONSTRUCTEURS.		PRIX. a.	a₁.	a₂.
	Reports	1,172f 45c	87f 00c	50f 50c
	Voltamètre	12 00	″	″
	Accumulateur portatif Dinin (1 élément)	20 00	″	″
	Elément thermoélectrique de Seebeck	″	20 00	″
	10 pinces serre-fils	4 00	″	″
	Une lampe à incandescence de 12 volts	5 00	″	″
	Galvanomètre de Nobili à fil fin et différentiel	100 00	″	″
	Deux hélices pour l'aimantation	12 00	″	″
	Electro-aimant Pouillet	60 00	″	″
	Sonnerie-électrique	5 00	″	″
	Télégraphe Morse, encreur à molette, récepteur et manipulateur	150 00	″	″
	Flacon d'encre oléique	1 50	″	″
	Télégraphe à cadran, modèle de démonstration	″	″	85 00
	Bobine double pour les lois de l'induction, avec un aimant	55 00	″	″
	Bobine de Ruhmkorff	″	″	300 00
	Ensemble comprenant deux postes téléphoniques, câble conducteur à 2 fils (40 mètres), batterie de deux éléments	80 00	″	″
	Totaux	1,676f 95c	107f 00c	435f 50c

§ IV.

RÉCAPITULATION.

		PRIX. a.	a₁.	a₂.	TOTAUX.
3e année	1° Pesanteur	1,258f80	357f00	257f00	1,872f80c
	2° Chaleur	457 50	70 00	20 00	547 50
4e année	1° Acoustique	742 00	6 00	235 00	983 00
	2° Optique	1,473 15	″	48 50	1,521 65
5e année. — Magnétisme		1,676 95	107 00	435 50	2,219 45
	Totaux	5,608 40	540 00	996 00	7,144 40

2e SECTION.

CHIMIE.

§ I.

PROGRAMMES DE 1897.

TROISIÈME ANNÉE.

Eau. — Oxygène et hydrogène.
Air. — Oxygène et azote. — Combustion.
Charbon. — Gaz carbonique. — Oxyde de carbone.

QUATRIÈME ANNÉE.

Revision du cours de troisième année.
Lois des combinaisons chimiques. — Nomenclature.
Acide azotique. — Gaz ammoniac.
Soufre. — Gaz sulfureux. — Acide sulfurique. — Acide sulfhydrique. — Phosphore.
Chlore. — Acide chlorhydrique.
Les trois carbures d'hydrogène fondamentaux. — Gaz d'éclairage.

CINQUIÈME ANNÉE.

Potasse, soude. — Sel marin.
Chaux. — Carbonate et sulfate de calcium.
Propriétés essentielles des principaux métaux usuels.
Composition élémentaire des matières organiques.
Alcool. — Éther. — Fermentation (vin, bière, cidres).
Glycérine. — Corps gras.
Sucre, amidon, cellulose.
Acide acétique. — Acide oxalique.
Notions sur les alcalis organiques.

§ II.

MATÉRIEL POUR LES TROIS ANNÉES.

FOURNISSEURS.		PRIX.		
		a.	a_1.	a_2.
	Eudiomètre à mercure gradué..................	//	10f 00c	//
	2 lampes à alcool en cristal..................	3f 00c	//	//
	Une boîte à réactifs de 35 flacons à étiquettes vitrifiées, boîte avec couvercle, flacons pleins, de 125 grammes..........................	100 00	//	//
	A reporter................	103f 00c	10f 00c	//

FOURNISSEURS.		PRIX. a.	a1.	a2.
	Reports	103f 00c	10f 00c	"
	1 mortier en porcelaine émaillée de 0m 10	2 50	"	"
	1 mortier en fonte, avec pilon	6 00	"	"
	Une cuve à eau doublée en plomb, avec tablette, pied et couvercle	100 00	"	"
	Cuve à mercure de Bunsen	15 00	"	"
	Un verre jaugé de 500 centimètres cubes	2 50	"	"
	Mercure	100 00	"	"
	2 éprouvettes à dessécher les gaz	5 00	"	"
	1 cloche de 2 litres	1 20	"	"
	1 cloche d'un litre	0 60	"	"
	1 cloche de 500 centimètres cubes	0 40	"	"
	Eprouvette à pied de 500 grammes, divisée	4 50	"	"
	Soufflet d'émailleur	"	44 00	"
	Chalumeau articulé pour lampe d'émailleur	"	15 00	"
	Cuve à mercure en pierre dure de 3 litres, avec couvercle	"	"	60f 00c
	Mercure	"	"	290 00
	2 becs à gaz de Bunsen, droits	6 00	"	"
	1 bec à gaz de Bunsen, cintré	4 00	"	"
	Ajutages pour flamme large et pour flamme arrondie	4 20	"	"
	Pipette de 10 centimètres cubes	1 50	"	"
	Pipette de 50 centimètres cubes	2 00	"	"
	Perce-bouchons, la série	5 00	"	"
	Rape plate avec manche	0 90	"	"
	Rape demi-ronde	0 80	"	"
	Rape queue de rat	0 75	"	"
	Lime plate	1 25	"	"
	Lime demi-ronde	1 25	"	"
	Queue de rat	0 75	"	"
	Lime triangulaire	0 80	"	"
	Ciseaux	2 00	"	"
	Marteau	1 60	"	"
	Bobine de fil de cuivre de 1m/m de diamètre	0 50	"	"
	Fil de platine, 2 grammes	Au cours.	"	"
	Lames de platine	*Idem.*	"	"
	Lame d'argent de 10 grammes	*Idem.*	"	"
	5 lames de cuivre à 0f 40	2 00	"	"
	4 goupillons	1 30	"	"
	1 main de papier à filtre ordinaire	0 60	"	"
	100 filtres Laurent de 15 centimètres, blancs	1 20	"	"
	10 bouchons de caoutchouc de 14m/m, un trou	1 50	"	"
	À reporter	380f 60c	69f 00c	350f 00c

FOURNISSEURS.		PRIX. a.	a₁.	a₂.
	Reports	380f 60c	69f 00c	350f 00c
	5 bouchons de caoutchouc de 25 m/m, deux trous.	2 50	"	"
	4 bouchons de caoutchouc de 38 m/m, deux trous.	6 00	"	"
	Bouchons de liège assortis de 10 m/m et au-dessous à 60 m/m	15 00	"	"
	Bouchons plats en liège pour bocaux, de 10 m/m à 100 m/m	5 00	"	"
	3 mètres de tube de caoutchouc vulcanisé de 10 m/m de diamètre intérieur	6 00	"	"
	2 mètres de tube en caoutchouc de 5 m/m de diamètre intérieur, supportant le vide	7 00	"	"
	Porcelaine et verrerie.			
	5 cornues de 500 grammes	1 50	"	"
	4 cornues tubulées de 1 litre; 0,500, 0,250 et 0,125	3 00	"	"
	5 cornues de 750 grammes	1 75	"	"
	5 cornues de 1 litre	2 25	"	"
	5 ballons ordinaires de 500 grammes	1 50	"	"
	3 ballons ordinaires de 1 litre	1 20	"	"
	2 ballons ordinaires de 2 litres	1 60	"	"
	4 ballons à long col de 500 grammes	1 20	"	"
	3 flacons de Woolf à 2 ouvertures, de 1/2 litre	2 25	"	"
	2 tubes en S à cylindre	1 40	"	"
	2 tubes de Welter	2 00	"	"
	1 pipette ordinaire à cylindre, droite	0 50	"	"
	1 pipette ordinaire à cylindre, courbe	0 60	"	"
	2 capsules à incinération de 40 m/m de diamètre	0 80	"	"
	6 capsules à bec en porcelaine de 40 m/m à 14 centimètres de diamètre	5 00	"	"
	12 soucoupes en porcelaine	2 40	"	"
	1 tube de porcelaine dégourdie de 0m 16 de diamètre intérieur	1 50	"	"
	6 allonges assorties	1 80	"	"
	1 douzaine de petits ballons à col court, assortis	1 45	"	"
	12 matras à fond plat, de 1 litre à 125 grammes	2 50	"	"
	3 matras d'essayeur	0 45	"	"
	12 entonnoirs assortis de 1 litre à 30 centilitres	2 50	"	"
	6 éprouvettes à recueillir les gaz	1 50	"	"
	3 éprouvettes à pied, une de 1/2 litre, 2 de 1/4 litre	2 50	"	"
	A reporter	465f 85c	69f 00c	350f 00c

FOURNISSEURS.		PRIX. a.	a_1.	a_2.
	Reports..................	465f 85c	69f 00c	350c 00c
	2 flacons en verre blanc à large goulot de 2 litres.	1 50	"	"
	3 flacons en verre blanc à large goulot de 1 litre..	1 20	"	"
	3 flacons en verre blanc à large goulot de 1/2 litre.	0 90	"	"
	3 flacons en verre blanc à large goulot de 1/4 litre.	0 60	"	"
	2 douzaines de flacons plus petits assortis........	2 00	"	"
	Flacons en verre blanc à goulot étroit assortis....	10 00	"	"
	6 flacons bouchés à l'émeri, à petite ouverture de 1 litre..............................	4 50	"	"
	3 flacons bouchés à l'émeri, à large ouverture de 1 litre..............................	5 25	"	"
	Assortiment de 10 flacons plus petits à large ouverture..............................	10 00	"	"
	24 verres à expériences de 30 gr. à 125 gr.......	5 00	"	"
	7 vases à précipités assortis de 0l060 à 1 litre....	3 60	"	"
	6 obturateurs pour éprouvettes à gaz...........	0 90	"	"
	2 kilogr. de tubes en verre creux assortis et baguettes	3 50	"	"
	6 cristallisoirs assortis....................	5 00	"	"
	3 cloches courbes..........................	1 20	"	"
	25 petits tubes à essais....................	2 50	"	"
	6 tubes droits à entonnoir..................	1 80	"	"
	3 tubes en U, pointe effilée................	3 00	"	"
	6 tubes pour dessiccation des gaz.............	3 00	"	"
	Flacon de 1 litre à tubulure inférieure munie d'un robinet..............................	1 00	"	"
	3 pinces à ressort.........................	1 80	"	"
	Conserves assorties de 1 litre à 4 litres..........	5 00	"	"
	2 fourneaux à cuve, un de 0m 16, l'autre de 0m 19.	3 50	"	"
	1 fourneau à réverbère pour cornues...........	10 00	"	"
	1 fourneau à réverbère pour tubes.............	10 00	"	"
	6 fromages (0m 04 à 0m 06)...................	0 60	"	"
	6 têts à gaz..............................	1 20	"	"
	3 tubes réfractaires........................	4 50	"	"
	3 cornues en grès de 500 centimètres cubes......	1 05	"	"
	Assortiment de creusets en terre avec couvercles...	2 50	"	"
	3 terrines assorties........................	3 00	"	"
	Terrine en grès émaillé de 0m 22 environ de diamètre..............................	0 60	"	"
	TOTAUX..................	576f 95c	69f 00c	350f 00c

§ II.

PRODUITS CHIMIQUES.

FOURNISSEURS.		PRIX des PRODUITS. a.	PRIX du FLACON. a.
	1 kilogr. soufre en bâton	0f 50c	//
	2 kilogr. soufre en fleur	1 00	//
	2 kilogr. sulfure de fer artificiel	2 40	//
	500 grammes sulfure d'antimoine en poudre	0 90	//
	200 grammes phosphore ordinaire	2 40	1 75
	100 grammes phosphore rouge	1 80	0 15
	500 grammes noir animal en grains	0 35	//
	250 grammes phosphate acide de chaux	1 15	//
	500 grammes potasse à la chaux	1 25	0 35
	100 grammes potasse à l'alcool	2 00	0 75
	500 grammes soude à la chaux	1 15	0 35
	500 grammes carbonate de potasse ordinaire	0 50	0 35
	100 grammes flux noir	0 30	0 20
	1 kilogr. carbonate de soude cristallisé	0 20	//
	500 grammes bicarbonate de soude pulvérisé	0 30	//
	1 kilogr. sulfate de soude	0 20	//
	1 kilogr. azotate de potasse	1 00	//
	1 kilogr. azotate de soude brut	0 40	//
	1 kilogr. chlorate de potasse	3 00	//
	100 grammes bioxyde de baryum	0 30	0 75
	200 grammes chlorure de baryum pur	0 50	0 20
	200 grammes azotate de baryte pur	0 40	0 20
	500 grammes sulfure de baryum	1 75	0 35
	250 grammes magnésie blanche	0 40	//
	1 kilogr. sulfate de magnésie	0 30	//
	250 grammes carbonate d'ammoniaque	0 40	0 30
	1 kilogr. chlorhydrate d'ammoniaque en poudre	1 80	//
	500 grammes sulfate d'ammoniaque	0 50	0 35
	500 grammes nitrate d'ammoniaque	1 00	0 35
	2 kilogr. sulfate de fer (vitriol vert)	0 40	//
	1 kilogr. zinc en lames	1 25	//
	500 grammes étain en bâtons	2 00	//
	1 kilogr. tournure de cuivre	3 00	//
	1 lame de cuivre pour réactif	0 40	//
	500 grammes sulfate de zinc	0 20	//
	A reporter	35f 40c	6 40

FOURNISSEURS.		PRIX des PRODUITS. a.	PRIX du FLACON. a.
	Reports	35f 40c	6f 40c
	1 kilogr. sulfate de cuivre	0 80	"
	500 grammes oxyde de cuivre obtenu par grillage	4 00	0 25
	500 grammes plomb ordinaire	1 00	"
	500 grammes litharge	0 40	"
	500 grammes massicot	0 45	"
	500 grammes minium	0 40	"
	500 grammes colcothar	0 35	"
	2 kilogr. bioxyde de manganèse en grains	1 40	"
	500 grammes bichromate de potasse	0 70	"
	500 grammes phosphate de soude ordinaire	0 40	0 35
	50 grammes phosphure de calcium	0 75	0 75
	500 grammes acide azotique pur	0 75	0 65
	1 kilogr. acide chlorhydrique pur	1 00	0 80
	1 kilogr. acide sulfurique pur	1 50	0 65
	1 kilogr. ammoniaque pure	1 80	0 80
	Acide sulfurique ordinaire (5 litres)	2 00	2 25
	Acide nitrique (5 litres)	3 00	2 25
	Acide chlorhydrique (5 litres)	1 00	2 25
	Ammoniaque, bonbonne de 5 litres	3 00	2 25
	3 mains de papier à filtrer	1 80	"
	50 grammes iode br sublimé	2 25	0 50
	50 grammes iodure de potassium	1 75	0 15
	25 grammes brome liquide (flacon à l'émeri)	0 40	0 75
	50 grammes bromure de potassium	0 60	0 15
	1 gramme silicium cristallisé	2 00	0 30
	1 gramme bore	2 00	0 30
	50 grammes permanganate de potasse	0 30	0 15
	50 grammes sodium	1 00	1 00
	10 grammes potassium	2 50	0 50
	Echantillon de sel marin en trémies	4 00	"
	3 grammes de fil de magnésium	0 30	0 15
	100 grammes de protochlorure d'étain	0 25	0 20
	250 grammes blanc de zinc	0 40	"
	500 grammes céruse	0 45	"
	100 grammes oxyde puce de plomb	1 20	0 20
	100 grammes oxyde rouge de mercure	1 20	0 15
	100 grammes oxyde jaune de mercure	1 20	0 20
	Livret de feuilles d'or	2 50	"
	Livret de feuilles d'argent	0 50	"
	1 gramme chlorure d'or	2 25	0 15
	2 grammes chlorure de platine	4 00	0 20
	Un échantillon de bismuth cristallisé	10 00	"
	A reporter	102f 95c	24 70

FOURNISSEURS.		PRIX des PRODUITS. a.	PRIX du FLACON. a.
	Reports	102f 95c	24 70
	CHIMIE ORGANIQUE.		
	500 grammes glucose	0 45	0 40
	100 grammes dextrine	0 20	0 15
	1 kilogr. alcool à 36°	5 75	0 50
	1 kilogr. alcool à 40°	6 50	0 50
	1 kilogr. esprit de bois pur à 36°	2 50	0 50
	250 grammes éther rectifié	1 25	0 60
	100 grammes éther acétique	1 20	0 35
	50 grammes chloroforme	0 45	0 20
	100 grammes acide acétique cristallisé	0 65	0 20
	200 grammes acétone	2 00	0 45
	200 grammes acide acétique ordinaire	0 60	0 45
	100 grammes acide tartrique	0 40	0 20
	50 grammes oxalate d'ammoniaque	0 70	0 10
	1 kilogr. acide oxalique	1 50	0 50
	100 grammes sel d'oseille	0 20	0 20
	500 grammes acétate d'alumine ordinaire	0 65	0 30
	1 kilogr. acétate de soude cristallisé	2 50	0 40
	TOTAL	130f 45c	30 70

§ IV.

RÉCAPITULATION.

	PRIX a.	PRIX a_1.	PRIX a_2.	TOTAUX.
Matériel	576f 95c	69f 00c	350f 00c	995f 95c
Produits chimiques	130 45	30 70	"	161 15
TOTAUX	707 40	99 70	350 00	1,157 10

3e SECTION.

HISTOIRE NATURELLE.

§ I.

PROGRAMMES DE 1897.

L'enseignement des sciences naturelles dans la 1re et la 2e année est essentiellement concret. Il a pour but d'apprendre aux élèves à voir, à comparer et à décrire les objets qu'elles ont sous les yeux. Se proposant de développer le sens de l'observation, il ne doit pas surcharger la mémoire par des énumérations fastidieuses; les nomenclatures seront rigoureusement proscrites.

PREMIÈRE ANNÉE.

ZOOLOGIE.

(Une heure par semaine jusqu'au 15 avril.)

Dans l'étude des groupes zoologiques on insistera d'une manière générale sur les espèces vulgaires, sur celles dont l'homme tire profit ou qui sont nuisibles. En particulier les mammifères, les oiseaux, les insectes devront faire l'objet principal du cours à cause des produits qu'ils nous fournissent, par les services qu'ils nous rendent, par les dommages qu'ils nous causent. Les descriptions seront données, toutes les fois qu'il sera possible, sur des objets mis sous les yeux des élèves; à défaut des objets eux-mêmes, on fera usage de planches murales et surtout de dessins exécutés au tableau.

Les grandes divisions du règne animal.

VERTÉBRÉS. — Notions très succinctes sur l'organisation d'un vertébré (le chien, par exemple).

Mammifères : Caractères, principaux ordres.

Oiseaux : Caractères, exemples choisis parmi les principaux ordres; protection des oiseaux utiles.

Reptiles : Crocodiles, Tortues, Lézards, Serpents; Serpents venimeux.

Batraciens : Caractères, métamorphoses.

Poissons : Caractères, Poissons osseux, Poissons cartilagineux. Pêche.

ARTICULÉS :

Insectes : Caractères, métamorphoses; exemples choisis dans les divers ordres; Insectes sociaux.

Arachnides : Araignée, Scorpion; *Myriapodes.*

Crustacés : Écrevisse, Homard.

Vers : Caractères, notions sur les Vers parasites.

Mollusques : Caractères, exemples choisis dans les principales classes.

Rayonnés : Oursins, Étoiles de mer; Coraux, Méduses.

Protozoaires : Éponges.

Notions sommaires sur la distribution des animaux à la surface du globe.

BOTANIQUE.

(Une heure par semaine depuis le 15 avril.)

Le cours de botanique a été reculé jusqu'au 15 avril pour permettre l'emploi de plantes vivantes dans toutes les démonstrations. Ces plantes, choisies parmi les espèces communes, devront être distribuées aux élèves de manière qu'elles puissent suivre les explications du professeur. Le résumé de ces explications pourra être ensuite donné à l'aide de planches murales et surtout de dessins faits au tableau noir.

L'étude des familles sera faite au fur et à mesure des époques de floraison, et la description d'une espèce type sera accompagnée ensuite d'indications sommaires sur les plantes de la même famille les plus communes, utiles à l'homme à divers titres ou seulement nuisibles.

Le cours sera très utilement accompagné d'excursions.

Diverses parties d'une plante.

Grandes divisions du règne végétal.

Notions sommaires et purement descriptives sur les divers organes d'une plante : racine, tige, feuilles et bourgeons.

Fleur, fruit, graine.

Étude d'un petit nombre de types choisis dans les principales familles.

On se bornera, dans la fin du cours de cette année, à l'étude des *Dicotylédones gamopétales* telles que : Solanées, Labiées, Scrofularinées, Borraginées, Primulacées, Composées, et des *Dicotylédones dialypétales* telles que : Renonculacées, Crucifères, Papavéracées, Légumineuses, Ombellifères.

DEUXIÈME ANNÉE.

GÉOLOGIE.

(Une heure par semaine pendant un semestre.)

Le cours de géologie devra être fait avec des échantillons de minéraux, roches et fossiles placés sous les yeux des élèves, à l'aide de planches murales et de dessins faits au tableau noir.

Matériaux qui constituent le sol.

Minéraux : Quartz, mica, feldspath, sel gemme, gypse.

Roches essentielles : Roches feldspathiques : granits, porphyres, lave. — Roches siliceuses : quartz, silex, meulières, sables siliceux. — Roches argileuses : argiles, schistes. — Roches calcaires : pierre à bâtir, marbres, craie. — Roches marneuses. — Roches combustibles : houille, lignite, tourbe.

Phénomènes actuels.

Action du vent : Dunes.

Pluies, eaux de ruissellement, torrents. — Eaux d'infiltration, sources, puits, puits artésiens.

Action destructive de l'eau : Fleuves et rivières, lacs, mers — Ravinement, creusement des vallées. — Falaises.

Terrains formés par les eaux : Alluvions, cailloux roulés, sables, limons. — Deltas. — Débris d'êtres vivants : fossiles.

Glaciers : formation et mouvement.

Volcans : éruptions. — Sources thermales. — Mouvements lents du sol, mouvements brusques, tremblements de terre.

Phénomènes géologiques anciens.

Rapprochement des phénomènes actuels et des phénomènes anciens. — Roches stratifiées et non stratifiées. — Notions très sommaires sur la stratification, âge relatif des formations. — Utilité des fossiles pour caractériser les terrains. — Idée sommaire des grandes périodes géologiques avec l'indication des formes animales les plus importantes.

BOTANIQUE.

(Une heure par semaine pendant le second semestre.)

Continuation de l'étude des principaux groupes de végétaux.

Arbres fruitiers. — *Dicotylédones apétales.* — Quelques exemples choisis parmi les arbres forestiers : Cupulifères, Bétulinées, Salicinées. — Polygonées, Chénopodées.

Monocotylédones : Étude de quelques types : Liliacées, Iridées, Orchidées, Graminées, Palmiers.

Gymnospermes : Conifères.

Cryptogames. — *Cryptogames à racines.* — Fougères, Prêles, Lycopodiacées.

Cryptogames sans racines. — Mousses. — Thallophytes : Algues, Champignons, Lichens.

Idée sommaire de la distribution des végétaux à la surface du globe.

Principales régions de cultures en France.

QUATRIÈME ANNÉE.

(Une heure par semaine pendant toute l'année.)

I. — Anatomie, physiologie animales et hygiène.

Les détails anatomiques ne seront donnés que dans la mesure où ils devront servir à l'intelligence de la physiologie. Les explications seront données avec des objets placés sous les yeux des élèves, à l'aide de planches murales et de dessins faits au tableau noir.

Différences entre les êtres vivants et les corps bruts; animaux et végétaux. Principaux tissus et appareils.
Fonctions de nutrition.

Aliments : azotés, féculents sucrés, gras et aliments minéraux.

Digestion : Appareils mécaniques et chimiques : dents, muscles, glandes. Action des sucs digestifs sur les aliments.

Valeur nutritive des divers aliments. — Aliments complets. — Ration alimentaire : alimentation de l'enfant, de l'adulte.

Accidents produits par les aliments : empoisonnement par les sels métalliques, par les aliments avariés.

Boissons. — Eau. — Boissons fermentées. — Boissons alcooliques pures ou additionnées d'essences. — Alcoolisme (1).

Absorption : Rôle des vaisseaux chylifères et des vaisseaux sanguins.

Circulation : Sang, coagulation. — Cœur, artères, veines. Mécanisme de la circulation, pouls.

Respiration : Poumons, cage thoracique. — Mécanisme de la respiration. — Échanges gazeux. — Danger de la compression des organes. — Empoisonnement par l'oxyde de carbone, par les parfums. — Asphyxie. — Ventilation.

Air; impuretés de l'air. — Climats, paludisme.

Réserves nutritives. — Fonctions du foie. — Nutrition des tissus : combustions organiques, chaleur animale.
Élimination des déchets de l'organisme : Foie, rein, peau.
Protection contre le froid et la chaleur. — Vêtements. — Entretien de la peau. — Bains.

---

(1) A propos des boissons, le professeur insistera sur les dangers de l'alcoolisme en développant le programme suivant :

Addition : Préparation et conservation des boissons. — Eau potable. — Eaux impures et malsaines. — Moyen pratique de conserver et de purifier les eaux.

Boissons alccoliques : Boissons fermentées, cidre, bière, vin. — Action physiologique des boissons fermentées. — Effets nuisibles de leur abus.

Boissons distillées : Eaux-de-vie. — Effets nuisibles de leur usage habituel.

Boissons alcooliques additionnées d'essences : Absinthe et autres liqueurs prétendues apéritives et digestives. — Graves dangers de leur usage.

L'ivresse et l'alcoolisme : Influence de l'alcoolisme des parents sur la santé des enfants.

II. — ANATOMIE ET PHYSIOLOGIE VÉGÉTALES.

Caractères généraux des végétaux.

Principaux tissus.

ÉTUDE DE LA NUTRITION.

Racine : Structure, fonctions, applications : bouturage, marcottage.

Tige : Types principaux. — Structure. — Fonctions. — Sève ascendante. — Croissance de la tige en longueur et en épaisseur.

Feuille : Types principaux. — Structure. — Fonctions. — Rôle de la chlorophylle. — Assimilation des éléments constitutifs de la plante puisés dans l'air ou dans le sol.

Réserves nutritives. — Digestion.

CINQUIÈME ANNÉE.

(Une heure par semaine pendant toute l'année.)

ANATOMIE, PHYSIOLOGIE ANIMALES ET VÉGÉTALES, HYGIÈNE.

I. — FONCTIONS DE RELATION.

Mouvement : Organes passifs : os, squelette, articulations. — Développement du squelette. — Influences des attitudes sur la déformation du corps. — Organes actifs : muscles, mécanisme des mouvements.

De l'exercice : marche, équitation, natation. — Sédentarité. — Dangers des exercices forcés.

Système nerveux : Centres nerveux, nerfs : nerfs sensitifs et nerfs moteurs.

Organes des sens. — Le toucher, la peau : sensations tactiles. — L'odorat, le goût. — L'ouïe : parties essentielles de l'oreille; hygiène de l'oreille.

La vue : bulbe oculaire et organes annexes; milieux de l'œil, rétine. Conditions de netteté de la vision, accommodation. Myopie, hypermétropie, presbytie. Hygiène de la vue; éclairage naturel et artificiel.

La voix. — Larynx, bouche; fosses nasales; le chant ; la parole; hygiène de la voix.

II. — REPRODUCTION CHEZ LES VÉGÉTAUX.

Phanérogames : Fleur, constitution générale.

Enveloppes; étamines et pollen; pistil : carpelles et ovules.

Formation de l'œuf : hybridation. Phénomènes consécutifs à la formation de l'œuf; développement de l'ovule en graine et de l'ovaire en fruit.

Graine mûre : constitution.

Fruits; diverses sortes de fruits. Annexes du fruit.

Germination.

Cryptogames. — Idée de la reproduction des cryptogames en choisissant des types parmi les diverses classes. Formation des œufs et des spores. Polymorphisme.

III. — PARASITISME.

Maladies parasitaires. — Notions sur quelques parasites animaux introduits par les aliments ou par l'eau.

Parasites végétaux. — Champignons, bactéries.

Maladies épidémiques et contagieuses. — Exemple type : la maladie charbonneuse. Idée sommaire des principales maladies transmissibles. Précautions à prendre : isolement, stérilisation, vaccination.

---

§ II.

OUTILLAGE DU LABORATOIRE D'HISTOIRE NATURELLE.

FOURNISSEURS.		PRIX. a.
	Loupe sur pied (modèle de la Faculté des sciences)	25f 00c
	Micromètre Ranvier	14 00
	Rasoir pour coupes microscopiques, manche droit	5 50
	Rasoir pour coupes microscopiques, manche pliant	4 00
	Pierre à aiguiser	9 00
	25 lames porte-objets	1 50
	25 lamelles couvre-objets, rondes de 20m/m	1 25
	——— 16m/m	0 75
	——— 12m/m	0 70
	Seringue à injections ordinaires de 20 grammes	10 00
	Seringue à injections fines de 1 gramme	10 00
	Pince à dissection à bouts droits	2 00
	Pince pour dissections fines	2 00
	Pince coupante de 14 centimètres de longueur	3 00
	Ciseaux droits de 14 centimètres de longueur	2 00
	Ciseaux droits fins pour préparations anatomiques	2 50
	Ciseaux courbes de 14 centimètres de longueur	2 00
	Ciseaux courbes pour préparations anatomiques	2 50
	4 scalpels assortis	4 00
	1 scalpel pliant avec arrêt à ressort	2 50
	2 aiguilles droites montées ordinaires	1 20
	1 aiguille droite montée pour dissections fines	1 50
	Aiguille courbe montée	0 60
	Aiguille courbe montée pour dissections fines	3 00
	Epingles à insectes de numéros variés (le mille)	2 00
	Scie à métaux de 16 centimètres	5 25
	2 boîtes carrées en fer-blanc avec fond de liège pour insectes	5 00
	Cuvette de dissection en verre à fond liégé de 8 centimètres de diamètre	0 90
	A reporter	123f 65c

FOURNISSEURS.		PRIX. a.
	Report	123f 65c
	Cuvette de dissection en verre à fond liégé de 9 centimètres de diamètre	1 10
	Cuvette de dissection en verre à fond liégé de 10 centimètres de diamètre	1 20
	Cuvette de dissection en verre à fond liégé de 14 centimètres de diamètre	1 75
	Boîte de botanique en fer-blanc verni avec compartiment à fond de liège et courroie en cuir (60 centimètres)	6 75
	Écorçoir pliant Deyrolle	7 50
	Boîte à réactifs pour les études micrographiques	30 00
	TOTAL	171f 95c

§ III.

ZOOLOGIE.

FOURNISSEURS.		PRIX.		
		a.	a1.	a2.
	MAMMIFÈRES.			
	Squelette de chien	30f 00c	″	″
	Squelette de chauve-souris	15 00	″	″
	Squelette de singe	40 00	″	″
	Squelette de taupe	12 00	″	″
	Squelette de hérisson	15 00	″	″
	Squelette de marmotte	″	″	40f 00c
	Squelette de lapin	25 00	″	″
	Pied osseux de mouton	6 00	″	″
	Pied osseux de porc	10 00	″	″
	Crâne de mouton	20 00	″	″
	Crâne de panthère	″	″	50 00
	Crâne de porc	20 00	″	″
	Pied osseux de cheval	12 00	″	″
	Pied osseux de bœuf	15 00	″	″
	Pièces montées.			
	Phoque	″	50f 00c	″
	Loutre	″	45 00	″
	Chauve-souris	8 00	″	″
	A reporter	228f 00c	95f 00c	90f 00c

FOURNISSEURS.		PRIX a.	PRIX a₁.	PRIX a₂.
	Reports	228f 00c	95f 00c	90f 00c
	Loir	12 00	"	"
	Hermine	15 00	"	"
	Fouine	30 00	"	"
	Blaireau	"	40 00	"
	Taupe	6 00	"	"
	Hérisson	10 00	"	"
	Kanguroo	"	50 00	"
	Tatou	"	"	50 00
	Dauphin	"	"	100 00
	Singe	40 00	"	"
	Oiseaux.			
	Squelette de poule	20 00	"	"
	Squelette de buse	20 00	"	"
	Squelette de corbeau	15 00	"	"
	Pièces montées.			
	Aile d'oiseau développée et préparée	5 00	"	"
	Faucon	9 00	"	"
	Hibou	10 00	"	"
	Héron cendré	20 00	"	"
	Fauvette à tête noire	4 00	"	"
	Pinson	3 00	"	"
	Oiseau-mouche	8 00	"	"
	Mouette	10 00	"	"
	Pingouin	12 00	"	"
	Martin-pêcheur	5 00	"	"
	Pic-vert	8 00	"	
	Reptiles.			
	Squelette d'orvet	18 00	"	"
	Squelette de vipère	20 00	"	"
	Squelette de lézard	15 00	"	"
	Squelette de tortue	16 00	"	"
	Squelette de grenouille	6 00	"	"
	Pièces montées.			
	Vipère	10 00	"	"
	Couleuvre	15 00	"	"
	Lézard de murailles	10 00	"	"
	Rainette	7 00	"	"
	Pièces et formes successives d'un batracien	25 00	"	"
	Crapaud	2 00	"	"
	A reporter	640f 00c	185f 00c	240f 00c

FOURNISSEURS.		PRIX. a.	a_1.	a_2.
	Reports	640f 00c	185f 00c	240f 00c
	Poissons.			
	Squelette de perche	18 00	″	″
	Squelette de raie	25 00	″	″
	Pièces montées.			
	Carpe	18 00	″	″
	Hippocampe	5 00	″	″
	Perche	12 00	″	″
	Esturgeon	″	25 00	″
	Lamproie	20 00	″	″
	Diodon	″	″	30 00
	Articulés.			
	Collection de 200 insectes choisis	70 00	″	″
	Rayon de cire avec 3 sortes de cellules et d'abeilles	25 00	″	″
	Scorpion, araignée, iule, scolopendre, cloporte, lygies (dans un carton)	10 00	″	″
	Crabe sec	6 00	″	″
	Animaux dans l'alcool.			
	Orvet	″	8 00	″
	Grenouille	″	6 00	″
	Axolotl	″	14 00	″
	Amphioxus	″	12 00	″
	Calmar	16 00	″	″
	Acéphale avec la coquille ouverte	10 00	″	″
	Crabe (carcinus mœnas)	5 00	″	″
	Squille	″	10 00	″
	Apus	″	3 00	″
	Anatife	″	8 00	″
	Lernée	″	3 00	″
	Sangsue	3 00	″	″
	Ver de terre	2 00	″	″
	Nephthys	″	″	3 00
	Sabelle	″	3 00	″
	Ascaride	5 00	″	″
	Douve du foie	″	2 00	″
	Cysticerques; ténia muni de son scolex	10 00	″	″
	Scorpion, araignée, iule, scolopendre, cloportes, gammarus, lygies	10 00	″	″
	Aphiure	8 00	″	″
	Comatule	8 00	″	″
	Vélelle	8 00	″	″
	Rhizostome	″	25 00	″
	Pennatule	20 00	″	″
	Eponge calcaire	4 00	″	″
	Seiche avec osselet	12 00	″	″
	A reporter	970f 00c	304f 00c	273f 00c

FOURNISSEURS.		PRIX.		
		a.	a_1.	a_2.
	Reports...........	970f 00c	304f 00c	273f 00c
	Coquilles et animaux secs.			
	Coquille de nautile..........................	6 00	״	״
	Os de seiche..........................	0 50	״	״
	2 Helix pomatia..........................	0 60	״	״
	4 Lymnées..........................	0 80	״	״
	4 Planorbes..........................	0 80	״	״
	8 Cyclostona elegans..........................	1 60	״	״
	5 Paludines..........................	1 25	״	״
	5 Littorines..........................	1 50	״	״
	4 Cerithium zonale	״	1 60	״
	3 Natices..........................	1 50	״	״
	2 Strombus floridus..........................	1 50	״	״
	1 Porcelaine..........................	1 00	״	״
	1 Cone..........................	1 00	״	״
	2 Buccins..........................	0 60	״	״
	5 Pourpres..........................	0 50	״	״
	3 Murex..........................	0 75	״	״
	2 Dentales..........................	0 40	״	״
	4 Patelles..........................	0 80	״	״
	2 Oliva oryza..........................	0 60	״	״
	2 Huîtres (Ostrea edulis)..........................	0 40	״	״
	1 Huître perlière..........................	5 00	״	״
	2 Pecten varius..........................	0 50	״	״
	2 Cardium edule..........................	0 40	״	״
	2 Moules..........................	0 40	״	״
	Mulette..........................	0 50	״	״
	Dreyssène..........................	0 30	״	״
	Anodonte..........................	1 00	״	״
	Solen..........................	0 50	״	״
	Arche de Noé..........................	0 50	״	״
	Venus verrucosa..........................	0 50	״	״
	Pholade..........................	0 75	״	״
	3 Cyclas cornea..........................	0 60	״	״
	Janthine..........................	0 60	״	״
	Hyale..........................	0 75	״	״
	Oursin..........................	5 00	״	״
	Etoile de mer..........................	2 00	״	״
	Corail..........................	8 00	״	״
	Tubipore..........................	6 00	״	״
	Madrépore flabelliforme..........................	4 00	״	״
	Fungia..........................	7 00	״	״
	Gorgone..........................	4 00	״	״
	Eponge usuelle..........................	״	20 00	״
	Euplectella aspergillum..........................	״	10 00	״
	A reporter..................	1,040f 40c	335f 60c	273f 00c

Fournisseurs.		Prix. a.	a_1.	a_2.
	Reports	1,040f 40c	335f 60c	273f 00c
	Tableaux montés. *(Perrier et Gervais.)*			
	1. Annelide adulte et ses métamorphoses	″	″	10 00
	2. Anatomie du ver de terre	″	10 00	″
	3. Développement des vertébrés	″	10 00	″
	4. Éléments anatomiques	10 00	″	″
	5. Anatomie d'ensemble d'un articulé (scorpion).	10 00	″	″
	6. Trochosphère, larve et forme adulte (organisation) d'un mollusque gastéropode	″	″	10 00
	7. Anatomie et développement de l'amphioxus	″	″	10 00
	8. Penœus et ses métamorphoses	″	10 00	″
	9. Organisation et développement des tuniciers	″	″	10 00
	10. Cellules nerveuses. — Terminaisons des nerfs dans les muscles, etc	10 00	″	″
	11. Développement des parties de l'appareil circulatoire chez les mammifères	″	10 00	″
	12. Anatomie et développement des éponges calcaires	″	10 00	″
	13. Formes successives des cestoïdes	10 00	″	″
	14. Anatomie sommaire de l'étoile de mer	10 00	″	″
	15. Génération alternante des méduses	10 00	″	″
	16. Siphonophores	″	10 00	″
	17. Structure et développement d'un coralliaire madréporaire	″	10 00	″
	18. Myrianide et autolyte en voie de développement. — Hétéronéide	″	10 00	″
	19. Système nerveux sympathique et pneumogastrique de l'homme	10 00	″	″
	20. Section verticale de la tête et du cou de l'homme.	10 00	″	″
	21. Foie et glandes de l'estomac de l'homme	10 00	″	″
	22. Anatomie d'ensemble d'un reptile	10 00	″	″
	23. — — oiseau	10 00	″	″
	24. — — mammifère	10 00	″	″
	25. — — poisson	″	10 00	″
	26. Appareil de la respiration. — Circulation pulmonaire	10 00	″	″
	27. Circulation lymphatique	″	10 00	″
	28. Structure de la rétine	10 00	″	″
	29. Oreille. — Organe de Corti	10 00	″	″
	30. Organes du goût et de l'odorat	10 00	″	″
	Pièces d'anatomie.			
	Écorché portatif du docteur Bouglé (planches superposées)	35 00	″	″
	Cœur d'adulte	50 00	″	″
	A reporter	1,285f 40c	435f 60c	313f 00c

FOURNISSEURS.		PRIX. a.	a_1.	a_2.
	Reports	1,285f 40c	435f 00c	313f 00c
	Mâchoire d'enfant montrant la première dentition et les dents de remplacement	"	40 00	30 00
	Villosités intestinales	"	"	"
	Oreille clastique (Temporal 30 cent.)	100 00	"	"
	Oreille clastique (Temporal de 60 cent.), 200 fr., soit une différence en plus de 100 fr.	"	"	"
	Œil	75 00	"	"
	Larynx	25 00	"	"
	Demi-cerveau	125 00	"	"
	Torpille préparée de manière à montrer l'appareil électrique et le système nerveux	40 00	"	"
	Préparations microscopiques.			
	35 préparations classiques de tissus animaux	35 00	"	"
	Totaux	1,685f 40c	475f 60c	343f 00c

§ IV.

BOTANIQUE.

FOURNISSEURS.		PRIX. a.	a_1.	a_2.
	TABLEAUX MONTÉS. (*Bonnier et Mangin*).			
	1. Constitution de la cellule	10f 00c	"	"
	2. Amidon, aleurone	10 00	"	"
	3. Inuline, cristaux	10 00	"	"
	4. Structure du bois	10 00	"	"
	5. — du liber	10 00	"	"
	6. — primaire de la racine	10 00	"	"
	7. — de l'extrémité de la racine	10 00	"	"
	8. — primaire de la tige	10 00	"	"
	9. — du sommet de la tige	10 00	"	"
	10. — secondaire de la racine	10 00	"	"
	11. — secondaire de la tige	10 00	"	"
	12. Liège et lenticelles	10 00	"	"
	13. Structure de la feuille	10 00	"	"
	14. Anthère et pollen	10 00	"	"
	A reporter	140f 00c	"	"

FOURNISSEURS.		PRIX. a.	PRIX. a_1.	PRIX. a_2.
	Reports	140f 00c	〃	〃
	15. Structure et développement de l'ovule	10 00	〃	〃
	16. Formation de l'œuf et son développement chez les angiospermes	10 00	〃	〃
	17. Formation de l'œuf et son développement chez les gymnospermes	10 00	〃	〃
	18. Formation et développement des spores chez les champignons	10 00	〃	〃
	19. Formation des spores chez les algues	10 00	〃	〃
	20. Formation de l'œuf chez les champignons	10 00	〃	〃
	21. Formation de l'œuf chez les algues	10 00	〃	〃
	22. Urédinées	10 00	〃	〃
	23. Mousses	10 00	〃	〃
	24. Fougères	10 00	〃	〃
	25. Rhizocarpées	10 00	〃	〃
	26. Bactériacées	10 00	〃	〃
	27. Thalle des algues	10 00	〃	〃
	28. — des champignons	10 00	〃	〃
	29. Lichens	10 00	〃	〃
	30. Myxomicètes	10 00	〃	〃
	35 préparations microscopiques de botanique	35 00	〃	〃
	Herbier : cryptogames et phanérogames (200 espèces)	〃	35f 00c	〃
	Herbier des plantes marines (25 espèces)	〃	10 00	〃
	TOTAUX	335f 00c	45f 00c	〃

§ VI.

GÉOLOGIE.

FOURNISSEURS.		PRIX. a.	PRIX. a_1.	PRIX. a_2.
	COLLECTIONS MINÉRALOGIQUES.			
	Phosphorite	1f 00c	〃	〃
	Apatite	2 00	〃	〃
	Fluorine	2 00	〃	〃
	Withérite	2 00	〃	〃
	Strontianite en rognons	2 00	〃	〃
	Borax	1 00	〃	〃
	A reporter	10f 00c	〃	〃

FOURNISSEURS.		PRIX. a.	a.	a_3.
	Reports	10f 00c	″	″
	Topaze jaune	2 00	″	″
	Grenat	2 00	″	″
	Tourmaline verte	2 00	″	″
	Péridot	2 00	″	″
	Calcédoine	1 50	″	″
	Jaspe	2 00	″	″
	Opale commune	2 00	″	″
	Opale noble	2 00	″	″
	Staurotide	1 50	″	″
	Lapis lazuli	2 00	″	″
	Lépidolite	2 00	″	″
	Talc	1 00	″	″
	Serpentine	1 50	″	″
	Pyroxène	2 00	″	″
	Hornblende	2 00	″	″
	Amphibole	1 50	″	″
	Amiante	1 00	″	″
	Argile smectique	1 00	″	″
	Glauconite	1 00	″	″
	Ocre jaune	1 00	″	″
	Pyrite cubique. — Pyrite radiée	2 00	″	″
	Mispickel	2 00	″	″
	Manganèse	2 00	″	″
	Pyrolusite	2 00	″	″
	Psilomélane	2 00	″	″
	Stibine	2 00	″	″
	Cassitérite	4 00	″	″
	Asphalte	1 00	″	″
	Rutile	2 50	″	″
	Ampélite	1 00	″	″
	Quartz transparent	4 00	″	″
	Mica	1 00	″	″
	Feldspath	2 00	″	″
	Quartz cristallisé	2 00	″	″
	Quartz laiteux	1 50	″	″
	Quartz enfumé	2 00	″	″
	Améthyste	4 00	″	″
	4 minerais de fer	12 00	″	″
	3 minerais de plomb	9 00	″	″
	2 minerais de cuivre	5 00	″	″
	N. B. — La série complète des collections minéralogiques ci-dessus désignée est vendue au prix moyen de 2 francs par échantillon avec carton et étiquette, soit moyennant un prix total de 92 francs.			
	A reporter	106f 00c	″	″

FOURNISSEURS.			PRIX. a	a1.	a2.
	Reports..................		106f 00c	//	//
	COLLECTIONS GÉOLOGIQUES ET PALÉONTOLOGIQUES.				
	Roches.				
	Granulite. Microgranulite. Gneiss Granit porphyroïde Protogyne Syénite. Pegmatite Chloritoschiste Micaschiste Trachyte Ponce. Obsidienne. Basalte prismatique. Scories. Pouzzolane. Calcaire du Cambrien Calcaire du Silurien. Calcaire du Dévonien Schiste carbonifère. Phyllade. Grès houiller. Arkose. Grauwacke. Grès bigarré. Muschelkalk. Calcaire du Sinémurien Argile du Lias. Lumachelle jurassique. Calcaire corallien. Calcaire néocomien Argile du Gault. Nodules du phosphate du Gault. Calcaire glauconieux Craie marneuse. Calcaire pisolithique Calcaire travertin. Sable de Cuise-la-Motte Sable moyen Sable blanc de Fontainebleau. Faluns de la Touraine Diluvien	1f 25c l'échantillon grand format.	51 25	//	//
	A reporter..................		157f 25c	//	//

FOURNISSEURS.		PRIX. a.	a_1.	a_2.
	Reports	157f 25c	//	//
	Fossiles.			
	Calymene enroulée et déroulée (moulage)	2 00	//	//
	Empreinte de trilobite	3 00	//	//
	Trinucleus	3 00	//	//
	Paradoxides (moulage)	3 00	//	//
	Atypa reticularis	0 30	//	//
	Calceola sandalina	1 00	//	//
	Productus horridus	0 50	//	//
	Calamites	2 50	//	//
	Sigillaires	2 50	//	//
	Névroptèris	2 50	//	//
	Walchia	2 50	//	//
	Terebratula vulgaris	0 50	//	//
	Gryphœa arcuata	1 50	//	//
	Ceratites nodosus (moulage)	3 00	//	//
	Ammonites margaritatus	1 50	//	//
	Belemnites clavatus	0 50	//	//
	Pentacrinus basaltiformis	0 50	//	//
	Ammonites bifrons	0 50	//	//
	Ammonites cordatus	0 50	//	//
	Pointe de Cidaris florigemma	0 60	//	//
	Ptérodactyle entier (moulage)	5 00	//	//
	Vertèbre d'Ichtyosaure (moulage)	//	3f 00c	//
	Crioceras Duval (moulage)	//	7 00	//
	Exogyra virgula	0 25	//	//
	Plicatula placunea	0 25	//	//
	Hippurites radiosus	5 00	//	//
	Ammonites splendens	2 50	//	//
	Belemnitella mucronata	0 75	//	//
	Micraster cor anguinum	0 80	//	//
	Pied de Palœotherium ou de Coryphodon (moulage)	7 00	//	//
	Mâchoire de Palœotherium ou de Coryphodon (moulage)	10 00	//	//
	Fragment de carapace de Trionyx (moulage)	2 00	//	//
	Ostrea bellovacina	1 00	//	//
	5 Nummulites complanata	1 00	//	//
	Dent de squale du calcaire grossier	2 00	//	//
	4 Cerithium lapidum	1 00	//	//
	Natica crassatica des sables de Fontainebleau	0 75	//	//
	Melania lactea	0 50	//	//
	Chama calcarata	0 50	//	//
	Pectunculus obovatus	0 50	//	//
	Silex taillé	0 75	//	//
	Molaire de Mastodonte (moulage)	10 00	//	//
	Molaire d'Elephas primigenius (moulage)	10 00	//	//
	TOTAUX	250f 70c	10f 00c	//

§ VI.

TABLEAUX D'HISTOIRE NATURELLE POUR L'ENSEIGNEMENT SECONDAIRE.

FOURNISSEURS.		PRIX.		
		a.	a¹.	a_2.
	Zoologie, 23 tableaux. Botanique, 37 tableaux Géologie, 10 tableaux	400 00	"	"

§ VII.

RÉCAPITULATION.

	PRIX.			TOTAUX.
	a.	a_1.	a_2.	
Outillage	171f 05c	"	"	171f 05c
Zoologie	1,685 40	475 00	343 00	2,504 00
Botanique	335 00	45 00	"	380 00
Géologie	250 70	10 00	"	260 70
Tableaux d'histoire naturelle	400 00	"	"	400 00
TOTAUX	2,843f 05c	530f 60c	343f 00c	3,716f 05c

Paris, le 23 avril 1900.

Les Membres de la Commission,

LAVIÉVILLE, DYBOWSKI, SEIGNETTE.

TABLE DES MATIÈRES.

Pages.

DEUXIÈME ANNÉE.

QUATRIÈME ANNÉE.

CINQUIÈME ANNÉE.

Anatomie, physiologie animales et végétales, hygiène.

Documents manquants (pages, cahiers...)

NF Z 43-120-13

www.ingramcontent.com/pod-product-compliance
Lightning Source LLC
LaVergne TN
LVHW020438230826
846091LV00004B/1536

* 9 7 8 2 0 1 3 6 9 0 8 9 8 *